Comparar y contrastar

Para **comparar y contrastar** dos personas o cosas, piensas: ¿en qué se parecen? Además piensas: ¿en qué se diferencian?

¿Qué color ves?

Lada J. Kratky

Veo el rojo.

Veo el anaranjado.

Veo el amarillo.

Veo el verde.

Veo el azul.

Veo el morado.

Veo el blanco.

Veo el negro.

¡Veo todos los colores!

¿Qué color ves?
ISBN: 978-1-68292-514-0

© Del texto: 2017, Lada Josefa Kratky
© De esta edición:
2020, Vista Higher Learning, Inc.
500 Boylston Street, Suite 620.
Boston, MA 02116-3736
www.vistahigherlearning.com

Dirección editorial: Isabel C. Mendoza
Edición: Ana I. Antón
Dirección de arte y producción: Jacqueline Rivera
Montaje: Ana Palmero Cáceres
Gráfika LLC

Imágenes: Cubierta: leonori / iStock; pág. 4: zsu250 / pixabay.com; pág. 5: bendzhik / iStock; pág. 6: dtl321 / iStock; pág. 7: forever63 / iStock; pág. 8: blueenayim / iStock; pág. 9: kohnrebeca0 / pixabay.com; pág. 10: Jaroslaw Saternus / Shutterstock; pág. 11: Yingko / iStock; págs. 12-13: FamVeld / iStock; págs. 14-15: dtl321 / iStock

Todos los derechos reservados.
Esta publicación no puede ser reproducida, ni en todo ni en parte, ni registrada en o transmitida por un sistema de recuperación de información, en ninguna forma ni por ningún medio, sea mecánico, fotoquímico, electrónico, magnético, electroóptico, por fotocopia o cualquier otro, sin el permiso previo, por escrito, de la editorial.

Published in the United States of America.

3 4 5 6 7 8 9 GP 25 24 23 22

Aquí acaba este libro
escrito, ilustrado, diseñado, editado, impreso
por personas que aman los libros.
Aquí acaba este libro que tú has leído,
el libro que ya eres.